Petit monde vivant

Les araignées

Bobbie Kalman et Kathryn Smithyman

Traduction : Lyne Mondor

Les araignées est la traduction de *The Life Cycle of a Spider* de Bobbie Kalman et de Kathryn Smithyman (ISBN 0-7787-0688-5).
© 2002, Crabtree Publishing Company, 612 Welland Ave., St. Catharines, Ontario, Canada L2M 5V6

Catalogage avant publication de la Bibliothèque nationale du Canada

Kalman, Bobbie, 1947-

Les araignées

(Petit monde vivant)
Traduction de: The life cycle of a spider.
Comprend un index.
Pour enfants de 6 à 10 ans.

ISBN 2-89579-023-X

1. Araignées - Cycles biologiques - Ouvrages pour la jeunesse. I. Smithyman,
Kathryn. II. Titre. III. Collection: Kalman, Bobbie, 1947- . Petit monde vivant.

QL458.4.K33814 2004   j595.4'4   C2004-940825-9

Nous reconnaissons l'aide financière du gouvernement
du Canada par l'entremise du Programme d'Aide au
Développement de l'Industrie de l'Édition (PADIÉ)
pour nos activités d'édition.

 Conseil des Arts **Canada Council**
du Canada **for the Arts**

Éditions Banjo remercie
le Conseil des Arts du Canada du soutien
accordé à son programme d'édition dans
le cadre du programme des subventions
globales aux éditeurs.

Cet ouvrage a été publié avec le soutien de la SODEC.

Gouvernement du Québec – Programme de crédit
d'impôt pour l'édition de livres – Gestion SODEC.

Dépôt légal – Bibliothèque nationale du Québec, 2004
Bibliothèque nationale du Canada, 2004
ISBN 2-89579-023-X

Les araignées
© Éditions Banjo, 2004
4475, rue Frontenac
Montréal (Québec)
H2H 2S2
Canada

Téléphone : (514) 844-2111
Téléphone sans frais : 1 800 313-3020
Télécopieur : (514) 278-3030
Télécopieur sans frais : 1 877 278-3087

Tous les livres des Éditions Banjo sont disponibles chez votre libraire agréé habituel.

Imprimé au Canada
1 2 3 4 5 II/20HD 08 07 06 05 04

Sur le site Internet :

 Fiches d'activités pédagogiques
en lien avec tous les albums
des collections Le Raton Laveur
et Petit monde vivant

 Catalogue complet

www.editionsbanjo.ca

Table des matières

Qu'est-ce qu'une araignée?

Les araignées ne sont pas des insectes, ce sont des arachnides. Les insectes ont six pattes et un corps composé de trois sections, alors que les arachnides ont huit pattes et un corps composé de deux sections. Les arachnides ont un **abdomen** et un **céphalothorax**. Dans la photographie de gauche, on peut voir que les deux sections du corps de l'araignée sont réunies par une minuscule taille.

Des pattes articulées et une carapace rigide

Les arachnides et les insectes sont des arthropodes. Le mot « arthropode » signifie « pied articulé ». Tous les arthropodes ont des articulations pouvant se plier. Les arthropodes sont des invertébrés, ce qui signifie qu'ils sont dépourvus de colonne vertébrale. À la place, les arthropodes ont une carapace extérieure rigide appelée exosquelette.

Les araignées sont des chasseurs appelés **prédateurs**. *L'araignée-crabe, montrée ci-dessus, dévore la guêpe qu'elle a attrapée.*

L'araignée vue de près

Le céphalothorax de l'araignée, c'est-à-dire la partie supérieure de son corps, est constitué de la tête et du thorax. L'abdomen de l'araignée renferme des organes et des glandes produisant de la soie, appelées filières. Toutes les araignées produisent de la soie à l'aide de leurs filières.

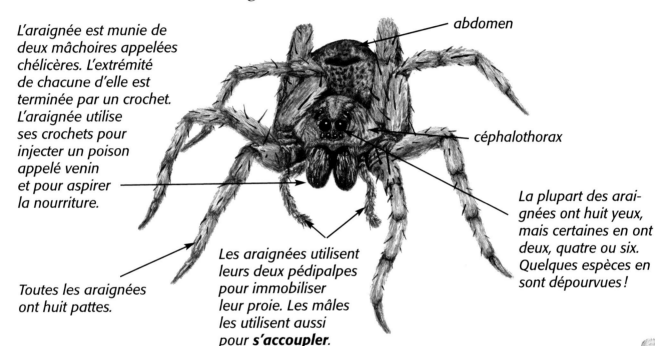

L'araignée est munie de deux mâchoires appelées chélicères. L'extrémité de chacune d'elle est terminée par un crochet. L'araignée utilise ses crochets pour injecter un poison appelé venin et pour aspirer la nourriture.

abdomen

céphalothorax

La plupart des araignées ont huit yeux, mais certaines en ont deux, quatre ou six. Quelques espèces en sont dépourvues!

Toutes les araignées ont huit pattes.

*Les araignées utilisent leurs deux pédipalpes pour immobiliser leur proie. Les mâles les utilisent aussi pour **s'accoupler**.*

Les proches parents

Les mites, les scorpions et les faucheux sont aussi des arachnides.

Les mites sont minuscules. On dirait que leur corps n'est composé que d'une section. En fait, il est composé de deux sections. Plusieurs mites vivent sous la terre et parmi les feuilles mortes.

Le scorpion a un corps composé de deux sections. Son abdomen est constitué de plusieurs petits segments. Le dernier segment de sa queue est un aiguillon.

Les faucheux sont pourvus de minuscules chélicères. Leur céphalothorax et leur abdomen sont liés par une large taille.

Les types d'araignées

Les araignées vivent sur la Terre depuis plus de 300 millions d'années! On les trouve dans toutes les parties du monde, excepté en Antarctique. Elles vivent dans les cavernes, les marécages, les champs et les déserts. Les forêts abritent aussi plusieurs araignées.

Les scientifiques ont identifié près de 35 000 espèces d'araignées. Il en existe peut-être des milliers qui n'ont pas encore été découvertes. Les araignées existent en plusieurs variétés de tailles et de couleurs. Seulement la moitié des araignées tissent des toiles.

araignée chasseuse

araignée sauteuse

araignée ermite

mygale

araignée-loup

araignée-crabe

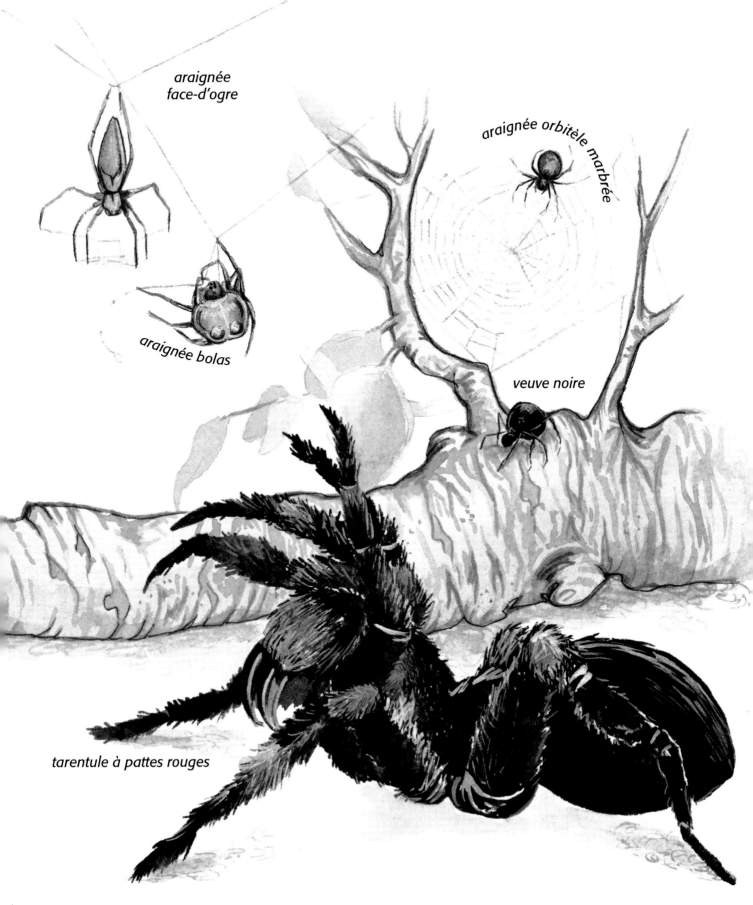

araignée
face-d'ogre

araignée orbitèle marbrée

araignée bolas

veuve noire

tarentule à pattes rouges

Qu'est-ce qu'un cycle de vie?

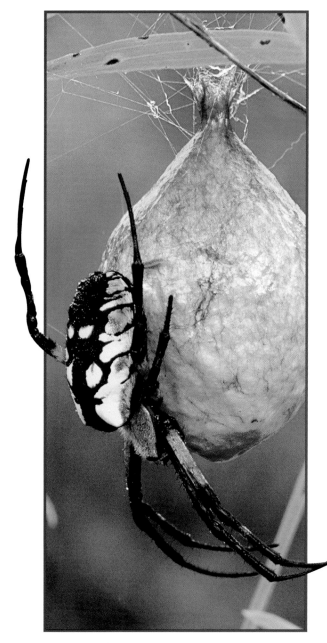

Tous les animaux traversent un cycle de vie. Un cycle de vie est constitué des étapes majeures ou des changements survenant dans la vie de l'animal. Au début, l'animal éclôt ou sort de son œuf. Ensuite, il entreprend sa croissance et se transforme jusqu'à ce qu'il devienne un adulte capable de se reproduire. Lorsque l'animal a des rejetons, un nouveau cycle de vie commence. Toutes les araignées subissent ces transformations durant leur cycle de vie. Certaines araignées traversent ces étapes plus rapidement que d'autres. Cela dépend de leur espérance de vie.

L'espérance de vie

L'espérance de vie est la durée moyenne de la vie d'un animal. La plupart des araignées vivent une année ou deux. Certaines araignées de grande taille, telles les tarentules et les mygales, peuvent vivre jusqu'à vingt ans. Ces araignées traversent leur cycle de vie plus lentement que ne le font les araignées de plus petite taille.

Les femelles araignées, telle cette femelle argiope noire et blanche, vivent habituellement plus longtemps que les mâles.

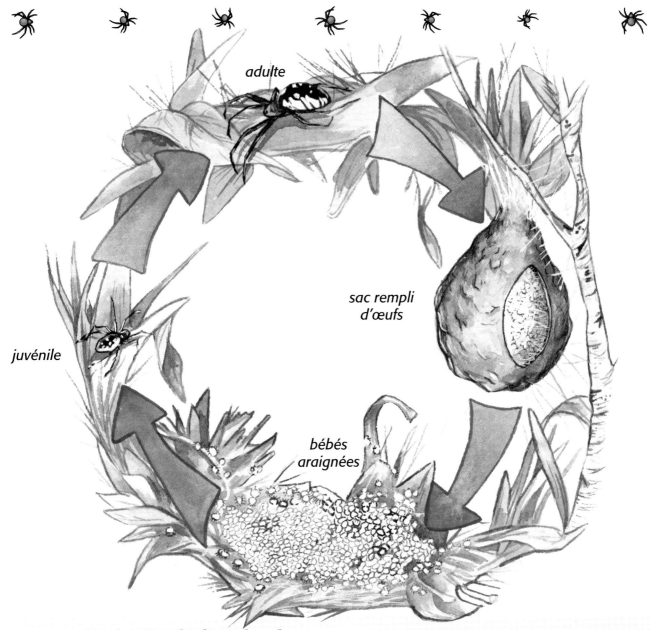

adulte

*sac rempli
d'œufs*

juvénile

*bébés
araignées*

Le cycle de vie de l'araignée

Chaque araignée débute sa vie à l'intérieur d'un œuf pondu par sa mère. Les œufs d'araignées sont contenus dans un **sac d'œufs**. De minuscules bébés araignées éclosent à l'intérieur de ces sacs. Peu de temps après l'éclosion, les bébés quittent le sac d'œufs et commencent à chasser pour trouver de la nourriture. Les jeunes araignées mènent désormais une vie autonome. Elles chassent et poursuivent leur développement. Le développement de l'araignée se fait par une succession de mues. Pendant la mue, elle se débarrasse de son exosquelette, qui est remplacé par un plus grand. Lorsque les araignées sont matures ou adultes, elles partent à la recherche d'un partenaire pour se reproduire.

Dans l'œuf

Chaque espèce d'araignée fabrique un sac d'œufs légèrement différent. Certains sacs ressemblent à du papier, alors que d'autres sont recouverts d'un filet collant. Quelques-uns sont très rigides.

Les œufs d'araignées sont minuscules et sphériques. La plupart mesurent seulement 1 mm de diamètre.

Avant de pondre, les femelles tissent une toile de soie. Certaines araignées ne pondent que quelques œufs sur leur toile, tandis que d'autres en pondent des milliers. Elles enveloppent ensuite les œufs et la toile à l'aide de soie pour former un sac d'œufs.

Les sacs d'œufs

Les sacs d'œufs contribuent à protéger les œufs contre les intempéries et les **prédateurs**. Plusieurs espèces d'insectes et d'animaux, comprenant des araignées, essaient de manger les œufs d'araignées.

À l'intérieur de l'œuf

À l'intérieur de chaque œuf, un vitellus fournit des nutriments, c'est-à-dire l'énergie alimentaire nécessaire au développement de l'araignée. Pendant sa croissance, le bébé araignée se nourrit de ces nutriments. Lorsque l'araignée devient trop grande pour son œuf, elle éclôt.

Garder les œufs en sécurité

La plupart des araignées ne surveillent pas leurs œufs. Elles les protègent d'autres manières. Plusieurs araignées tisseuses suspendent leur sac d'œufs à des feuilles ou à des branches afin de le camoufler et de le tenir hors de la portée des prédateurs. Les araignées qui ne tissent pas de toile enfouissent ou cachent leur sac d'œufs sous des feuilles ou des pierres. Les araignées vivant dans des terriers ou des trous dans le sol gardent leur sac avec elles. L'araignée-loup ainsi que l'araignée pêcheuse montrée ci-dessous, protègent leur sac d'œufs en l'attachant à leur corps.

La veuve noire pond plusieurs œufs. Elle les enveloppe dans plusieurs couches de soie.

araignée pêcheuse

L'éclosion

Les œufs d'araignées sont prêts à éclore quelques semaines après avoir été pondus. Les bébés brisent leur œuf en utilisant une petite excroissance acérée se trouvant près de la base de leurs palpes. Cette excroissance tombe après quelque temps. Les minuscules araignées n'ont pas de couleur, et leur corps n'est pas entièrement formé. Comme elles ne peuvent ni se déplacer ni manger, elles continuent à se nourrir de vitellus. Elles restent à l'intérieur du sac d'œufs quelque temps encore et muent une fois ou deux avant d'être prêtes à le quitter. Les jeunes araignées de jardin, montrées ci-dessus, ont développé leurs couleurs. Elles sont presque prêtes à quitter le sac.

En attente

Les araignées vivant dans les régions froides peuvent suspendre leur cycle de vie. Cette pause, ou arrêt du développement, est appelée diapause. Lorsque les araignées pondent leurs œufs en automne, les minuscules araignées se trouvant dans les œufs ne commencent leur développement qu'à l'arrivée du printemps, quand les températures sont plus chaudes. Les bébés araignées se trouvant encore dans le sac d'œufs lorsque l'automne arrive attendent aussi le printemps avant de poursuivre leur développement.

Ces bébés veuves noires vont rester en groupe jusqu'à ce qu'ils soient assez forts pour quitter le sac d'œufs.

Un peu de temps avec maman

Après avoir quitté leur sac, certains bébés araignées restent ensemble pendant les premiers jours. Ils sont souvent laissés à eux-mêmes, vivant sans leur mère. Quelques espèces d'araignées prennent soin de leurs bébés cependant. Ces mères nourrissent et protègent leurs petits dans un nid de soie. Elles partagent leur nourriture avec eux, jusqu'à ce qu'ils soient assez grands pour vivre et chasser tout seuls.

Les bébés araignées-loups grimpent sur leur mère. Elle les protège et les nourrit pendant environ dix jours.

La dispersion des araignées

La plupart des araignées vivent ensemble seulement durant le temps où elles sont dans le sac d'œufs. Comme elles sont des prédateurs, elles deviennent une menace les unes pour les autres dès le moment où elles sont capables de chasser. Elles doivent donc se disperser afin d'éviter de se faire dévorer! Selon les espèces d'araignées, les bébés se dispersent quelques jours après avoir quitté le sac d'œufs, alors que d'autres restent ensemble quelques semaines avant de vivre seuls. Lorsque les bébés se nourrissent seuls pour la première fois, ils mangent souvent des insectes minuscules. Pour leur premier repas, les bébés d'une espèce d'araignée tisseuse de dentelle dévorent leur mère!

Ces bébés araignées de jardin se dispersent rapidement après leur éclosion. Certains sont si affamés qu'ils dévorent leurs frères et leurs sœurs avant de partir!

Le transport aérien

Certains bébés araignées quittent leur sac d'œufs en voyageant dans les airs. On appelle cela l'aérostation. Pour s'envoler, le bébé araignée se tient en équilibre sur deux pattes et soulève son abdomen. Il expulse ensuite un mince fil de soie dans les airs.

Le vent emporte la soie et soulève le bébé araignée. Au printemps, on peut apercevoir des milliers de jeunes araignées dans les airs! Mais ce ne sont pas tous les bébés araignées qui s'éloignent de leur sac d'œufs en voyageant dans les airs. Lorsque vient le temps de commencer leur propre vie, les bébés de plusieurs espèces d'araignées s'éloignent tout simplement en marchant.

Les araignées qui se dispersent en voyageant dans les airs atterrissent un peu partout. Certaines sont emportées très loin de leur lieu de naissance. Où crois-tu que ces bébés vont atterrir?

La mue

La taille du corps de l'araignée s'accroît, mais son exosquelette ne s'étire pas. Pour croître, le bébé araignée doit muer. Avant la mue, l'araignée s'alimente peu et se repose pour conserver son énergie. La mue peut durer de quelques minutes à une journée entière! Lorsque l'araignée se débarrasse de sa vieille enveloppe, un nouvel exosquelette souple se trouve sous l'ancien. Le nouvel exosquelette prend du temps à durcir. L'araignée peut croître jusqu'à ce qu'il durcisse.

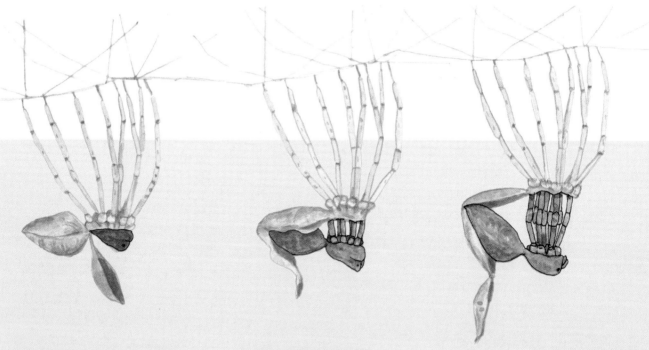

Lors de la mue, l'araignée tisseuse s'accroche à un fil de soie. Son corps se remplit de fluide, et son exosquelette se fissure le long du céphalothorax.

Lorsque la fente se prolonge le long de l'abdomen, l'araignée commence à remuer ses pattes, puis les retire de la vieille peau.

Une fois que les pattes sont sorties, l'araignée se laisse pendre jusqu'à ce que son nouvel exosquelette durcisse. L'araignée se hisse ensuite jusqu'à sa toile.

Fais attention !

L'araignée doit être très prudente lorsqu'elle se débarrasse de son exosquelette. Son corps mou est si fragile que, s'il arrivait que l'une de ses pattes reste coincée, l'araignée pourrait accidentellement l'arracher ! Pendant la mue, lorsqu'une araignée perd une patte, cette dernière peut se régénérer, c'est-à-dire repousser à la mue suivante. Toutefois, si l'araignée perd sa patte pendant sa dernière mue, celle-ci ne sera pas remplacée.

Les araignées qui ne tissent pas de toile, telle cette tarentule, s'allongent sur le dos pour muer. Les araignées ayant une longue espérance de vie remplacent leur exosquelette usé en continuant de muer, même si elles ont terminé leur croissance.

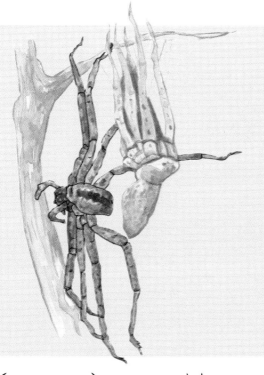

Une période dangereuse

Sans son enveloppe rigide, le corps de l'araignée est mou et pâle. Lorsqu'elle est dépourvue de son exosquelette, l'araignée est très vulnérable, car elle n'a alors aucune protection contre les prédateurs. L'araignée ne peut pas bouger, manger ou se défendre tant que son nouvel exosquelette n'a pas séché et durci. Si un prédateur trouve l'araignée pendant que sa carapace est encore molle, il peut facilement la dévorer. L'araignée chasseuse, montrée à gauche, a terminé sa mue. Elle peut enfin s'en aller en laissant son vieil exosquelette derrière elle.

L'adulte

L'araignée devient adulte lorsque sa croissance est terminée et qu'elle est apte à se reproduire. Les araignées de petite taille ayant une espérance de vie courte deviennent adultes quelques semaines après l'éclosion.

Les araignées de plus grande taille vivant plusieurs années peuvent prendre jusqu'à dix ans pour atteindre leur pleine croissance. Les araignées mâles deviennent adultes plus rapidement que les femelles.

Cette araignée rouge mâle (à gauche) est plus petite que la femelle (à droite).

Les mâles et les femelles

Chez la plupart des espèces d'araignées, les femelles adultes sont très différentes des mâles. Les femelles sont habituellement beaucoup plus grosses et sont pourvues d'un gros abdomen. Les mâles ont tendance à être petits et plus colorés.

La veuve noire femelle est une géante comparée à son partenaire! Son gros abdomen contient beaucoup d'œufs.

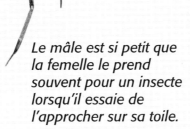

Le mâle est si petit que la femelle le prend souvent pour un insecte lorsqu'il essaie de l'approcher sur sa toile.

La reproduction

Avant d'approcher la femelle, cette araignée mâle pince la toile pour transmettre des vibrations afin que la femelle le reconnaisse.

Dès que les araignées arrivent à maturité, elles commencent à chercher un partenaire. La plupart des araignées adultes sont solitaires, ce qui signifie qu'elles vivent seules. Le seul moment où les araignées se côtoient, c'est pour s'accoupler.

La planification

L'araignée mâle se prépare en vue de se reproduire avant même d'avoir trouvé une partenaire. Il tisse une petite toile de soie sur laquelle il dépose une goutte de sperme provenant de son corps. Le sperme est le liquide servant à **féconder** les œufs de la femelle afin que des bébés araignées puissent se former. Le mâle aspire ensuite le sperme à l'aide du bout de ses palpes. Ces derniers sont munis d'un dispositif spécialement conçu pour retenir le liquide. Lorsque les palpes sont chargés, le mâle est prêt à trouver une femelle.

À la recherche d'une femelle

L'araignée mâle doit quitter ses cachettes habituelles pour partir à la recherche d'une femelle. Souvent, il trouve une partenaire en suivant les odeurs qu'elle laisse sur sa toile ou sur ses **fils de sécurité** (voir en page 23). Si tu vois une araignée qui se promène, il s'agit probablement d'un mâle recherchant une partenaire. Ne le touche pas! Si tu le peux, essaie de voir s'il s'agit bel et bien d'un mâle en regardant s'il est pourvu de gros pédipalpes.

Courtiser prudemment

Les mâles doivent approcher les femelles tisseuses avec beaucoup de précaution afin qu'elles les distinguent des proies. Selon les espèces, les mâles ont des façons différentes de faire savoir aux femelles qu'ils approchent pour s'accoupler et non pour se faire dévorer. Certains mâles pincent la toile d'une certaine manière. D'autres offrent de la nourriture enveloppée de soie à la femelle et s'accouplent ensuite avec elle pendant qu'elle est distraite.

Regarde-moi!

Ce mâle cherche une araignée femelle. Ses palpes sont remplis de sperme. Certaines araignées terrestres mâles agitent leurs palpes ou exécutent des parades nuptiales pour attirer une femelle.

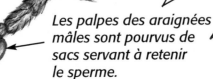

Les palpes des araignées mâles sont pourvus de sacs servant à retenir le sperme.

Tisser de la soie

L'araignée à toile en forme d'entonnoir se cache dans le tube situé au centre de sa toile.

Les terriers protègent les araignées des intempéries et les aident à se cacher de leurs ennemis.

Toutes les araignées produisent de la soie, qu'elles tissent ou non des toiles. La soie est importante pour leur survie. Les araignées protègent leurs œufs avec de la soie. Elles utilisent aussi la soie pour construire des abris et capturer des proies. Tu peux lire les pages 24-25 pour en savoir davantage au sujet de la chasse.

Une maison de soie

Les araignées utilisent de la soie pour construire leur abri. Certaines d'entre elles tissent des toiles sur lesquelles elles s'installent pour y vivre. D'autres vivent dans des tunnels entourés de toiles. Les tarentules et les autres araignées de grande taille vivent habituellement dans des terriers souterrains. Elles tapissent leur terrier de soie, ce qui contribue à solidifier les parois. Plusieurs araignées camouflent l'entrée de leur terrier en la recouvrant de soie.

Le fil de sécurité

Lorsqu'elles se déplacent, plusieurs araignées traînent un fil de soie appelé fil de sécurité. Si l'araignée tombe ou saute pour fuir un ennemi, elle se sert de son fil de sécurité comme un alpiniste se sert d'une corde pour s'assurer contre les chutes. L'araignée s'accroche à ce fil et se hisse à nouveau une fois le danger écarté.

La production de soie

Il existe en tout sept variétés de soie. Aucune araignée ne peut toutefois fabriquer à elle seule toutes les variétés de soie. L'araignée produit la soie dans son abdomen. La soie est liquide lorsqu'elle se trouve à l'intérieur du corps de l'araignée. L'araignée l'expulse par le biais de ses filières. En sortant du corps de l'araignée, le liquide sèche et se transforme en un fil de soie élastique. Lorsque la soie sort des filières, l'araignée tire sur le fil. Plus elle tire, plus la soie devient résistante. La soie que fabrique l'araignée est l'un des matériaux les plus résistants de la planète pour sa taille. Si une fibre de soie était de la taille d'un crayon, elle serait plus résistante qu'un piquet d'acier de la même taille !

Capturer des proies

Les toiles circulaires sont suspendues entre les branches. Les insectes volants qui les touchent s'y empêtrent.

Cette araignée se confond avec le tronc d'arbre sur lequel elle s'est posée. Les proies ne la voient pas jusqu'à ce qu'il soit trop tard !

Les araignées sont des prédateurs féroces. Elles se nourrissent principalement d'insectes, tels que des fourmis, des abeilles, des guêpes, des coléoptères, des papillons de nuit et des sauterelles. Certaines attaquent même d'autres araignées pour les dévorer ! Les araignées de grande taille mangent des oiseaux, des souris, des lézards, des grenouilles, des serpents et des poissons.

Des toiles bien conçues

Environ la moitié de toutes les araignées tissent des toiles pour capturer des proies. Certaines araignées tissent des toiles entre les feuilles et les branches, là où les insectes volants ne peuvent pas les voir. Les insectes s'emmêlent dans la toile et sont incapables de s'en échapper. D'autres araignées tissent des toiles épaisses qui ressemblent à des draps ou à des hamacs. Elles attendent qu'un insecte atterrisse ou marche sur la toile et qu'il reste pris dans les fils collants.

Je t'ai attrapé !

Les araignées qui ne tissent pas de toiles se cachent et surprennent leurs proies. Parfois elles s'approchent de leurs proies à pas feutrés et les saisissent. Certaines utilisent un camouflage, c'est-à-dire une coloration qui leur permet de se confondre avec leur environnement. Elles attendent ensuite qu'une proie approche. D'autres se cachent dans leur terrier et sortent par surprise pour saisir leurs proies. Certaines araignées, telle cette araignée-lynx verte ci-dessous, **traquent** leurs proies. Lorsqu'elles sentent qu'une proie se trouve à proximité, elles la suivent jusqu'à ce qu'elles puissent la capturer ou se précipiter sur elle. Les araignées chasseuses ont une bonne acuité visuelle. Elles sont habituellement pourvues de grands yeux.

L'araignée-lynx verte se prépare à capturer et à dévorer l'araignée sauteuse. Les araignées sont toujours à la recherche de quelque chose à manger, incluant d'autres araignées !

Se nourrir

Presque toutes les araignées produisent du venin. Les araignées paralysent leurs proies en les mordant et en leur injectant du venin par le biais de leurs crochets. Une fois paralysée, la proie ne peut ni bouger ni se défendre. L'araignée peut la dévorer immédiatement ou l'envelopper dans de la soie pour la manger ultérieurement.

Plusieurs araignées, telle cette argiope, chassent des proies qui sont de leur taille ou même plus grosses.

Aspirer la nourriture

Les araignées sont incapables de mastiquer leur nourriture. Elles utilisent des sucs digestifs spéciaux pour **liquéfier** la chair de l'animal. Certaines injectent les sucs digestifs dans leurs proies, tandis que d'autres ouvrent leurs proies avec leurs mâchoires et crachent les sucs à l'intérieur de leur corps. Lorsque l'intérieur de l'animal est devenu liquide, les araignées l'aspirent à l'aide de leurs crochets. Tout ce qui reste lorsque l'araignée a terminé son festin est une enveloppe externe vide !

Les menaces pesant sur les araignées

Partout dans le monde, les araignées perdent peu à peu leur habitat, car les gens détruisent les régions naturelles pour y établir des villes et des fermes. Comme tous les animaux, les araignées souffrent et disparaissent lorsque leur **habitat** naturel est pollué. La terre, l'eau et l'air de la planète sont de plus en plus pollués par les gaz et les déchets toxiques générés par les industries et les voitures.

Les araignées des forêts pluviales

Les millions d'araignées vivant dans les forêts pluviales sont particulièrement en danger. Chaque jour, plusieurs acres de forêts pluviales sont incendiées. Les scientifiques pensent que plusieurs espèces d'araignées vivant dans les forêts pluviales n'ont pas encore été découvertes. Ils craignent qu'elles ne s'éteignent avant même que nous n'en connaissions l'existence! Les espèces qui sont éteintes sont disparues de la Terre à tout jamais.

Les pesticides

Les araignées mangent les insectes nuisibles, tels que les mouches et les larves, qui se nourrissent de végétaux. Lorsque les gens aspergent les plantes et les cultures de pesticides pour éliminer les insectes nuisibles, ils empoisonnent aussi les araignées. Sans araignées, les insectes retournent rapidement sur les plantes. Pour contrer ce phénomène, certains cultivateurs vaporisent alors encore plus de pesticides. En faisant cela, ils peuvent exterminer les populations d'araignées et causer du tort à tous les animaux.

Secourir les araignées

Si tu as peur des araignées, tu n'es pas seul! Plusieurs personnes craignent les araignées parce qu'elles ont du venin ou parce qu'elles sont effrayantes. Les araignées occupent une place importante dans la nature. Les gens doivent observer les araignées et se renseigner à leur sujet afin de surmonter leur peur.

Connaître les araignées

Le venin de l'araignée est poison, mais n'est mortel que pour les autres araignées, les insectes et les animaux que chassent les araignées. Très peu d'araignées sont de taille assez grande ou ont assez de venin pour blesser un humain. Si tu habites dans une région où se trouvent des araignées venimeuses de grande taille, renseigne-toi au sujet de leur comportement. Autant que possible, évite-les.

Un venin précieux

Les chercheurs utilisent le venin d'araignée pour développer des remèdes contre les morsures d'araignées venimeuses. Grâce à ces remèdes **antivenimeux**, il est beaucoup plus sécuritaire de vivre à proximité des araignées venimeuses. Certains scientifiques utilisent aussi des toxines d'araignées pour fabriquer des médicaments. Ils croient que ces toxines peuvent être utilisées pour aider les humains à combattre certaines maladies telles que le cancer et certains problèmes cardiaques.

Glossaire

abdomen   Partie du corps de l'arachnide contenant ses principaux organes

accoupler (s')   S'unir avec un partenaire en vue de procréer

antivenimeux   Se dit d'un liquide contenant une petite quantité de venin d'araignée et servant à traiter les morsures d'araignée

céphalothorax   Partie du corps de l'araignée, formée de la tête et du thorax soudés

féconder   Ajouter du sperme à un œuf afin qu'un bébé puisse se former

fil de sécurité   Fil de soie que l'araignée attache à un endroit sécuritaire lui permettant de sauter ou de tomber en toute sécurité

habitat   Milieu de vie naturel d'une plante ou d'un animal

liquéfier   Faire passer à l'état liquide

prédateur   Animal qui chasse et tue d'autres animaux pour s'en nourrir

sac d'œufs   Poche souple dans laquelle les œufs sont déposés

traquer   Poursuivre et s'approcher d'une proie pour la chasser

Index